AF406456

9 789948 235033

واحة الحكايات للنشر والتوزيع
دبي- واحة دبي للسيليكون
الإمارات العربية المتحدة
Wahat Alhekayat Publishing
and Distribution - UAE
Dubai +97143336366
+971504599804
+971558236687
info@wahatalhekayat.com
www.wahatalhekayat.com
www.wahatalhekayat.academy

سلسلة لكل حرف حكاية
قصة: أنا والمهرج
تأليف: صفاء عزمي
رسوم: زينة المسيري
ISBN 9789948235033

أكاديمية واحة الحكايات	متجر واحة الحكايات

أنا والمُهَرِّجُ

تأليف: صفاء عزمي

رسوم: زينة المسيري

أُحِبُّ لِحـافي لِأنَّ فيهِ أشْياءَ كَثيرَةً...

فيهِ مِظَلَّةٌ ونُجومٌ وميزانٌ...

5

6

وفيهِ سَمَكَةٌ ومَحارَةٌ
ولُـؤْلُـؤَةٌ ومَـرْجانٌ...

وفيهِ ياسَــمِــيـنٌ ورُمّــانٌ.
وعُصْفورٌ وألْحانٌ...

11

وفيـهِ مَرْكَبٌ ومُهَرِّجٌ
يُحِبُّ المَرَحَ
وتَقْليدَ الكَلامِ...

14

15

نِقاشٌ: ما هِيَ الأَشْياءُ الَّتي تُحِبُّ أَنْ تَجِدَها في لِحافِكَ؟

تَفْكيرٌ: هَلْ سافَرَتْ بَطَلَةُ القِصَّةِ في الحَقيقَةِ أَمِ الحُلْمِ؟

تَأَمُّلٌ: في صَفْحَةِ (8-9) أُشيرُ إِلَى كائِناتٍ تَعيشُ في البَحْرِ.

اِقْتِراحٌ: أَقْتَرِحُ اسْمًا لِبَطَلَةِ القِصَّةِ.

وَصْفٌ: أَبَحْثُ عَنْ شَيْءٍ يُعْجِبُني في البَيْتِ، وأَصِفُهُ بِعِدَّةِ كَلِماتٍ...
مِثالٌ: شُبَّاكٌ كَبيرٌ، مُرَبَّعٌ، أَزْرَقُ...

أَفْكارٌ لِلأُسْرَةِ والمُعَلِّم

- في الصَّفْحَةِ المُقابِلَةِ، نَجِدُ مَجموعَةً مِنَ الأفْكارِ الَّتي تُساعِدُ عَلَى تَنْميةِ مَهاراتٍ أساسيَّةٍ لَدَى الطِّفْلِ، مِثْلَ: القُدْرَةِ عَلَى النِّقاشِ والتَّفْكيرِ التَّحليلي النَّاقِدِ، وقُوَّةِ الـمُلاحَظَةِ، والتَّواصُلِ، والإبْداعِ.
- يُمْكِنُ أَنْ نأْخُذَ بِهَذِهِ الأفْكارِ، جَميعِها أوْ بَعْضِها.
- يُمْكِنُ أَنْ نُكَرِّرَ قِراءَةَ القِصَّةِ، وفي كُلِّ مَرَّةٍ نَخْتارُ بَعْضَ الأفْكارِ لِنُناقِشَها.
- إذا أحَسَّ الطِّفْلُ بالنُّعاسِ أثْناءَ القِصَّةِ، مِنَ الأفْضَلِ أَنْ نَتَوَقَّفَ ونُكْمِلَ القِصَّةَ لاحِقًا.
- في بَعْضِ الأحْيانِ يُجيبُ الطِّفْلُ عَلَى النِّقاشِ بـ«نَعَمْ» أوْ «لا»، أوْ بِكَلِمَةٍ واحِدَةٍ. في هَـذِهِ الحالَةِ أُعْطي الطِّفْلَ بَعْضَ الوَقْتِ؛ كَيْ يَبْحَثَ عَنْ جُمْلَةٍ أوْ فِكْرَةٍ، ويُمْكِنُ أَنْ أُحَفِّزَهُ عَلَى الاسْتِمْرارِ في الحَديثِ بِكَلِماتٍ مِثْلَ: أحْسَنْتَ، رُبَّما، لِماذا؟ كَيْفَ؟ أَيْنَ؟ هَلْ تُحِبُّ؟ هَلْ تَعْتَقِدُ؟
- الهَدَفُ مِنْ هَذِهِ القِصَصِ لَيْسَ فَقَطِ الاسْتِمْتاعَ بالقِراءَةِ، وتَعَلُّمَ الحُروفِ، ولكنَّهُ أيْضًا رَبْطُ أحْداثِ القِصَّةِ والشَّخْصيَّاتِ والأماكِنِ بِعالَمِ الطِّفْلِ، وتَنْميةُ هِواياتِهِ وقُدْرَتِهِ عَلَى التَّعْبيرِ.